AF450185

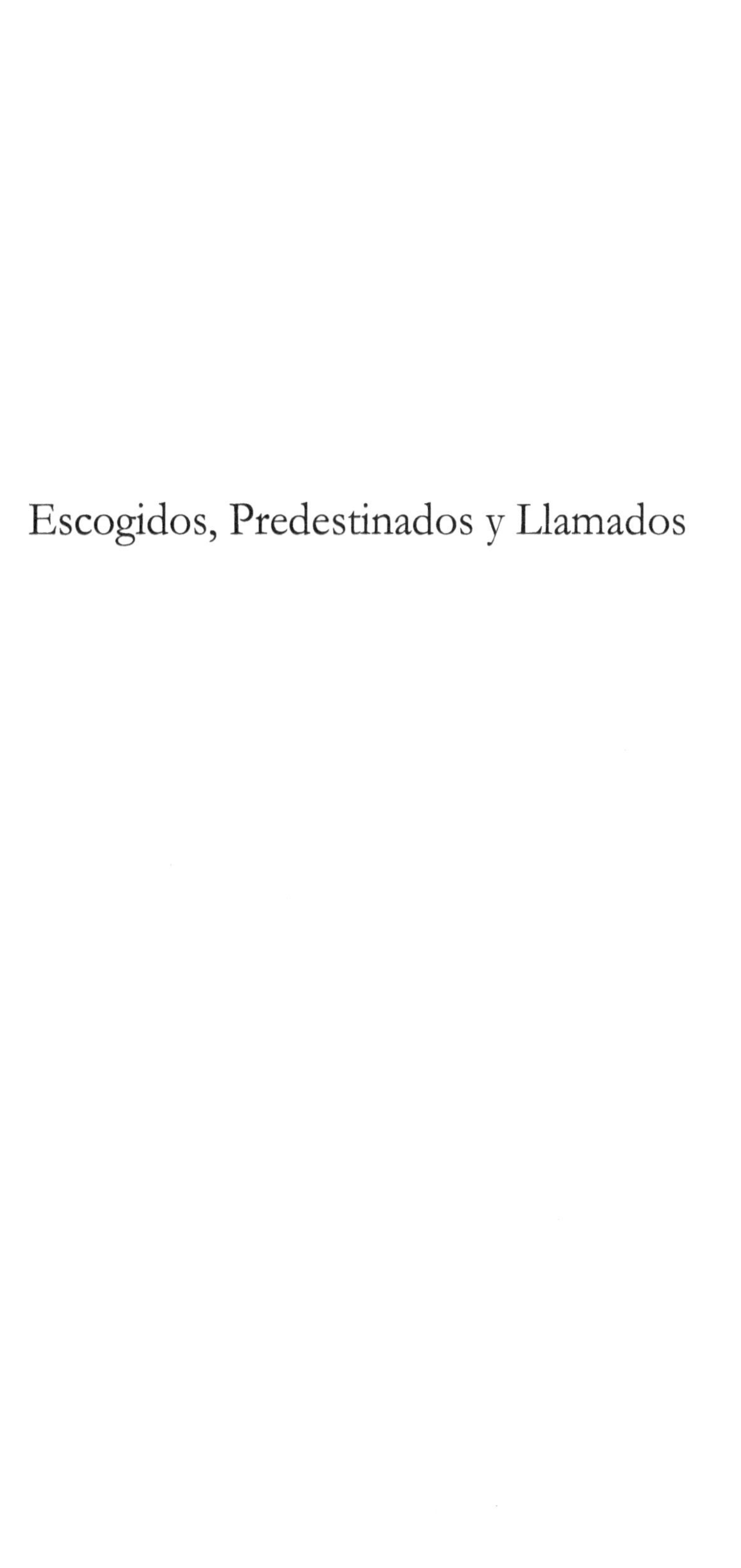

Escogidos, Predestinados y Llamados

Escogidos, Predestinados y Llamados

¿Qué dice la Biblia en relación
a las siguientes preguntas?

Yolamis Brito-Laboy

EDITORIAL
LETRA MINÚSCULA

Primera edición: noviembre de 2019
ISBN: 978-84-949709-8-6
Copyright © 2019 Yolamis Brito
Publicado por Editorial Letra Minúscula
www.letraminuscula.com
contacto@letraminuscula.com

Agradecimiento

Primeramente, quiero darle gracias a Dios por poner en mi corazón ese ardor de buscar, entender y reproducir todo lo que Él inspiró a través de las Escrituras.

Este libro está dedicado primero a mi esposo Aníbal mi colaborador y a mis hijos Alexander, Chary y Ricky. A mi madre Margarita, mis hermanos y toda mi familia. Y también, a mis hermanos en Cristo, que siempre me animaron a producirlo.

**«Y conoceréis la verdad,
y la verdad os hará libres».
Juan 8:32**

ÍNDICE

Prefacio 11

Capítulo I

Dos interpretaciones bíblicas y sus orígenes 15

Capítulo II

¿Es cierto que Dios es quien nos escoge? 18

Capítulo III

¿Cuál es la diferencia entre «Todos» y «Muchos»? 24

Capítulo IV

¿Quiénes son los Elegidos? 26

Capítulo V

¿Tenemos Seguridad de Salvación? 29

Capítulo VI

¿Elegimos nosotros a Dios? 32

Capítulo VII

¿Quiénes son los que creen? 35

Capítulo VIII

Nuestra salvación: ¿es segura? 38

Capítulo IX

¿Quién puede resistirse a su voluntad? 42

Capítulo X

¿Quién inicia el llamado a creer?... 45

Capítulo XI

¿Salvos por obrar o por creer? 48

Capítulo XII

¿Somos Predestinados? 52

Capítulo XIII

Salvos por gracia a través de la fe en Jesucristo 55

Capítulo XIV

Llamados y Sellados 58

Capítulo XV

¿Salvos por fe solamente? 62

Capítulo XVI

Salvos por fe para obedecer... 65

Capítulo XVII

Escogidos por Dios 67

Epílogo

¿Realmente fuimos Escogidos y Predestinados?.......................... 70

Prefacio

Hoy día, existen muchas preguntas acerca de qué es lo que la Biblia enseña con relación a la **Predestinación** y los **Escogidos**.

Sería bueno que analizáramos estos textos bíblicos dejando que sea la palabra de Dios la que nos lleve a entenderla.

En esta búsqueda me di a la tarea de leer cuidadosamente cada carta de la Biblia, los evangelios y cada uno de los libros del Antiguo y Nuevo Testamento.

Quiero dejar claro que mi único interés es agrupar esos textos, que nos pueden ayudar a entender mejor, de una forma sencilla y clara, y mostrar la forma en que Dios se va revelando a través de su palabra.

Sin embargo, es importante señalar que usted necesita leer los capítulos completos para no interpretarlos fuera de contexto.

Quisiera comenzar diciendo que la palabra «**Soberano**» quiere decir «que se gobierna a sí mismo»; a Dios nadie lo manda, Él hace como quiere, cuando quiere y con quien Él quiere. En todos estos textos, Dios dice: «**Yo lo digo, Yo lo hago**».

He querido sacar estos textos porque el Señor puso en mi corazón una inquietud inmensa de buscar sobre estos temas. Es penoso ver tantas Iglesias sumergidas en un vacío doctrinal, tantos debates acerca de estos asuntos en las redes sociales, y muy poca información sobre éstos. Sin embargo tenemos muchas personas que genuinamente están interesadas en conocer más sobre estos temas.

Doy gracias a Dios por darme la oportunidad de escudriñar su palabra, por mostrármela tan clara y por poder llevarla a otros, como Él nos manda. Hubiera querido tener algo similar cuando llegaron las dudas y las preguntas a mi mente, pero el Señor quiso que fuera de esta manera. Porque de Él, y por Él y para Él, son todas las cosas. A Él sea la gloria por los siglos Amén. (Romanos 11:36)

¿Por qué he querido plasmar en este pequeño libro cómo Dios nos pensó y **nos escogió**, desde el vientre de nuestra madre y finalmente cómo **nos llamó** a través de la Predicación? Porque me he dado cuenta de que muchas personas que dicen ser cristianas no leen la Biblia y creen en lo que otros dicen sin corroborar si es bíblico o no.

Quisiera compartir esta anécdota. Yo estaba en un laboratorio y la persona que me atendió, me preguntó si yo era cristiana; a que iglesia iba y en qué creía. A lo que le contesté, que creía en Dios, en Jesús y en el Espíritu Santo; y él me dijo: «Yo también soy creyente y hago muchas buenas obras».

Mi respuesta fue, que esa es la diferencia; nosotros creemos que no somos salvos por las obras que hacemos, sino por gracia. Sólo la obra de Cristo en la cruz puede salvarnos. Así que, las obras que hacemos deben ser solamente para glorificar a Dios. No es que sea malo hacer obras, porque seremos juzgados por ellas, (Apocalipsis 20:12 También vi a los muertos, grandes y pequeños, de pie delante del trono, y *los* libros fueron abiertos. Otro libro fue abierto, que es *el libro* de la vida, y los muertos fueron juzgados por lo que estaba escrito en los libros, según sus obras) sino, que esas obras deben glorificar únicamente a Dios, no son para   ganarnos su favor.

La persona me dijo que nunca nadie le había explicado las cosas de esta manera y según él, había estado en muchas iglesias anteriormente.

Situaciones como esa y otras más, me animaron a seleccionar algunos versículos bíblicos que nos pueden iluminar en el estudio de estos temas. Hay muchos otros en toda la Biblia, pero estoy segura de que usted, amigo lector, los irá descubriendo a medida que el Espíritu Santo se los vaya revelando.

De esta forma, se les va a hacer más fácil entender estos temas; espero que les den deseos de escudriñar lo que la palabra de Dios nos dice.

Existen muchas dudas, enseñanzas equivocadas o enseñanzas que no han sido explicadas desde una perspectiva bíblica. Yo no pretendo cambiar la doctrina en la cual usted fue enseñado, lo que sí hago es mostrar lo que dice la Biblia en relación con estos temas.

Tampoco pretendo decir que en tal o cual Iglesia son salvos. La Biblia no enseña eso, pero sé que Dios tiene sus hijos en cada lugar, en cada Iglesia que afirme que Jesús es el hijo de Dios, crea en Él y se arrepienta sinceramente de su vida pasada y permanezca unido a Él hasta el final Mateo 10:22. Usted puede estar en una Iglesia donde se enseñe la sana doctrina, pero su corazón puede estar lejos de Dios.

Muchas veces repetimos este texto: **«porque muchos son <u>llamados</u>, mas pocos <u>escogidos</u>»** Mateo 20:16 y 22:14, pero realmente no le ponemos atención ni analizamos lo que dice el pasaje.

Juan 8:32 dice **«... y conoceréis la verdad y la verdad os hará libres»** y puesto que el Señor nos manda a buscar la verdad, debemos tener nuestras doctrinas claras, para defenderlas bíblicamente; sin torcerla ni añadirle nuestras propias creencias. Solamente debemos creer lo que la Biblia enseña.

Capítulo I

Dos interpretaciones bíblicas y sus orígenes

Dos interpretaciones bíblicas permean el pensamiento cristiano actual: los arminianos y los calvinistas; y un tercer grupo toma doctrinas de ambos bandos para sus enseñanzas; a estos, podríamos llamarle "calvinianos". Son muchos los que se radicalizan con uno de estos grupos y de ninguna manera quieren escuchar lo que los otros grupos tienen para aportar al pensamiento cristiano.

Pero, analicemos: ¿De dónde vienen esos dos grupos doctrinales?

Los arminianos, son todos aquellos que se adhieren a las doctrinas (enseñanzas) que proclamó, el monje holandés, Jacobo Arminio. Estos dicen que es el hombre el que tiene el derecho a elegir o desechar a Dios. Sabemos que el hombre tiene responsabilidad al llamado que hace Dios a través de la Predicación. Según sus posturas, Dios nos ofrece la salvación y nosotros la aceptamos o la rechazamos por nuestro libre albedrío y sin la intervención absoluta de Dios. Para ellos, la salvación es como un bizcocho (torta) puesto en una mesa, cortado y listo para comer; usted lo toma si quiere o lo deja, si no quiere.

Los calvinistas por su parte, son los que se adhieren a las doctrinas de Juan Calvino. Éstos dicen, que es Dios quien ha elegido, desde antes de la fundación del mundo, a todos los que han de ser salvos. Para sustentar su argumento utilizan versículos bíblicos como Efesios 1:4, Hechos 18:10, Juan 6:44, Juan 6:37, Juan 8:47 y muchos otros. La base de su argumento es que la raza humana nace pecaminosa a causa del pecado de Adán. Por lo tanto, si toda la raza humana es pecadora, todos merecemos el infierno. Sin embargo, de acuerdo a los calvinistas, Dios ha elegido salvar a unos (que no lo merecen) y dejar en condenación a otros (que sí lo merecen). Su argumento lo sustentan con la escritura de Romanos 9:8-24.

Ahora bien, ¿Quiénes son estos dos hombres?

Jacobo Arminio nació en Oudewater, provincia de Utrecht, en Ámsterdam, el 10 de octubre de 1560. Nació cuatro años antes de que Calvino muriera. Tenía 49 años cuando murió, en 1609. Fue un teólogo holandés, escritor y profesor de la Universidad de Leideny.

Jacobo Arminio obtuvo su preparación teológica a los pies de Teodoro de Beza, el sucesor de Calvino, en Ginebra; de modo que su formación teológica fue profundamente calvinista. Poco tiempo después de su ordenación al ministerio, comenzó a tener conflictos con la postura de los calvinistas holandeses en lo tocante al papel que juega la gracia de Dios en la salvación de los pecadores.

Arminio concordaba con los calvinistas en que el libre

albedrío del hombre no solo se encuentra «herido, mutilado, enfermizo, deshabilitado; sino que también ha sido hecho cautivo, destruido y perdido», de tal manera que el libre albedrío humano es totalmente inútil «a menos que sea asistido por la gracia».

Arminio parece estar de acuerdo con Agustín, Lutero y Calvino. El punto en disputa radicaba en el papel de la gracia de Dios en la salvación de los pecadores.

El arminianismo nos dice que el hombre no puede dar el paso inicial hacia la salvación, a menos que sea capacitado primero por la gracia «resistible» de Dios. Pero el paso final es una decisión de la voluntad humana, en la que Dios no interviene. Como Dios es omnisciente, él predestinó a todos aquellos que él sabía de antemano que iban a dar ese paso y creer.

Juan Calvino nació en Noyon, localidad de Picardía, en el norte de Francia, el 10 de julio de 1509. Murió el 27 de mayo de 1564 en Ginebra, Suiza, a la edad de 54 años. Enseñaba aspectos tales como la gracia soberana, explicaba que la Biblia era la única fuente de autoridad, que la salvación era dada únicamente por medio de la fe, que la obra de Cristo en la cruz era la única que nos podía dar esa salvación y que esa salvación era para la gloria de Dios.

Capítulo II

¿Es cierto que Dios es quien nos escoge?

Ante estos desacuerdos, y luego de hacerme varias preguntas sobre estos dos puntos de vista, cogí mi Biblia y comencé a leer; estos son algunos versículos sobre el tema que he encontrado hasta ahora.

Deuteronomio 7:6-7 Porque tú eres pueblo santo para Jehová tu Dios; **Jehová tu Dios te ha escogido** para serle un pueblo especial, más que todos los pueblos que están sobre la tierra.

 7. No por ser vosotros más que todos los pueblos os ha querido **Jehová** y **os ha escogido,** pues vosotros erais el más insignificante de todos los pueblos;

La forma de entender la palabra de Dios es leyendo con una mente clara y pidiéndole a Él discernimiento. Vemos que cuando Dios escogió a Israel, existían otros pueblos, pero a Dios le plació escoger a Israel y llamarlo pueblo suyo.

Deuteronomio 14:2 Porque eres pueblo santo para el Señor tu Dios; y **el Señor te ha escogido para que le seas un pueblo de su exclusiva posesión** de entre los pueblos que están sobre la faz de la tierra.

Deuteronomio 26:18-19 Y **Jehová ha declarado hoy** que tú eres pueblo suyo, de su exclusiva posesión, como te lo ha prometido, para que guardes todos sus mandamientos;

19 a fin de exaltarte sobre todas las naciones que hizo, para loor y fama y gloria, y **para que seas un pueblo santo a Jehová tu Dios, como él ha dicho.**

Isaías 41:8-9 Pero tú, Israel, siervo mío eres; tú, Jacob, **a quien yo escogí**, descendencia de Abraham mi amigo.

9. Porque **te tomé** de los confines de la tierra, **y de tierras lejanas te llamé**, y te dije: Mi siervo eres tú; **te escogí**, y no te deseché.

Las escrituras afirman que Dios escogió a Israel (como nos escoge a nosotros) no por ser santos, no por no haber pecado, sino porque Él quiso hacerlo, esa es su prerrogativa y nosotros no tenemos respuesta a eso. Vemos cómo Dios es quien nos llama y quien nos sostiene.

Isaías 42:1 He aquí mi siervo, **yo le sostendré; mi escogido**, en quien mi alma tiene contentamiento; he puesto sobre Él mi Espíritu; Él traerá justicia a las naciones.

Isaías 42:6 Yo soy el Señor, en justicia **te he llamado; te sostendré por la mano** y **por ti velaré**, y te pondré como pacto para el pueblo, como luz para las naciones,

Isaías 43:7 a **todo el que es llamado por mi nombre** y a quien he creado para mi gloria, a quien he formado y a quien he hecho.

Somos una vasija en las manos de nuestro alfarero (Dios). Aquí vemos la Soberanía de Dios hablando en presente, todo lo que Dios hace y por quienes lo hace.

Isaías 45:4-7 Por amor de mi siervo Jacob, y de Israel **mi escogido**, te llamé por tu nombre; te puse sobrenombre, aunque no me conociste.

5 Yo soy Jehová, y ninguno más hay; no hay Dios fuera de mí. **Yo te ceñiré**, aunque tú no me conociste,

6 para que se sepa desde el nacimiento del sol, y hasta donde se pone, **que no hay más que Yo; yo Jehová, y ninguno más que Yo,**

7 que formo la luz y **creo las tinieblas, que hago la paz** y **creo la adversidad**. Yo Jehová soy el que hago todo esto. (Un buen texto para los que dicen que Dios no castiga)

Isaías 48:10-11 He aquí, te he purificado, pero no como a plata; te he probado en el crisol de la aflicción.

11 Por amor mío, por amor mío, **lo haré**, porque ¿cómo podría ser profanado *mi nombre?* Mi gloria, pues, no la daré a otro.

Isaías 53:12 Por tanto, yo le daré parte con los grandes, y con los fuertes repartirá despojos; por cuanto derramó su vida hasta la muerte, y fue contado con los pecadores, **habiendo él llevado el pecado de <u>muchos</u>**, y orado por los transgresores.

El Señor está hablando de lo que Él ha concebido para el futuro; de lo que Él ha **Predestinado**, «Pre» (**antes**) «destino» (**fin**).

Vemos cómo Dios nos pensó antes de nosotros ser concebidos.

Jeremías 1:4-5 Y vino a mí la palabra del Señor, diciendo:

5 Antes que yo te formara en el seno materno, te conocí, y **antes que nacieras, te consagré**, te puse por profeta a las naciones.

Ezequiel 34:11 Porque **así dice el Señor Dios:** He aquí**, yo mismo buscaré mis ovejas y velaré por**

ellas.

Ezequiel 34:15-16 Yo apacentaré mis ovejas y **las llevaré a reposar** declara el Señor Dios.

16 Buscaré la perdida, haré volver la descarriada, vendaré la perniquebrada y **fortaleceré la enferma;** pero destruiré la engordada y la fuerte. **Las apacentaré con justicia.**

Joel 2:32 Y todo aquel que invocare el nombre de **Jehová** será salvo; porque en el monte de Sion y en Jerusalén habrá salvación, como ha dicho **Jehová,** y **entre el remanente al cual él habrá llamado.** (se repite en Romanos 10:13 y Hechos 2:21)

Salmo 65:4 Cuán bienaventurado es el que tú escoges, y acercas *a ti*, *para* que more en tus atrios. Seremos saciados con el bien de tu casa, tu santo templo.

Salmo 105:6-7 Oh vosotros, descendencia de Abraham su siervo, Hijos de Jacob, **sus escogidos.**

7 Él es Jehová nuestro Dios; En toda la tierra están sus juicios.

Salmo 106:3-5 Dichosos los que guardan juicio, Los que hacen justicia en todo tiempo.

4 Acuérdate de mí, oh Jehová, según tu benevolencia para con tu pueblo; **Visítame con tu salvación,**

5 Para que yo vea el bien de **tus escogidos**, Para que me goce en la alegría de tu nación, Y me gloríe con tu heredad.

Hasta aquí hemos visto cómo Dios es el que tiene el control de nosotros. Nosotros nada hemos hecho, todo lo ha hecho Dios.

Capítulo III

¿Cuál es la diferencia entre «Todos» y «Muchos»?

Aquí y en los otros versículos anteriores, vemos la **Predestinación de Dios,** como es Él, el que lo hace todo. El Señor nos explica la diferencia entre las palabras **«Todos»** y **«Muchos».** Ahora continuemos leyendo lo que dice la palabra de Dios.

Mateo 7:21-23 <u>No todo</u> el que me dice: Señor, Señor, entrará en el reino de los cielos, sino el que hace la voluntad de mi Padre que está en los cielos.

22 <u>Muchos</u> me dirán en aquel día: Señor, Señor, ¿no profetizamos en tu nombre, y en tu nombre echamos fuera demonios, y en tu nombre hicimos muchos milagros?

23 Y entonces les declararé: **Nunca os conocí**; apartaos de mí, hacedores de maldad.

Mateo 10:22 Y seréis aborrecidos de **todos** por causa de mi nombre; **mas el que persevere hasta el fin, éste será salvo. (**se repite en Mateo 24:13 y Marcos 13:13)

Mateo 11:27 Todas las cosas me fueron entregadas por mi Padre; y nadie conoce al Hijo, sino el Padre, ni al Padre conoce alguno, sino el Hijo, **y aquel a quien el Hijo lo quiera revelar**. (se repite en Lucas 10:22)

Mateo 22:14 Porque **muchos** son **llamados,** y pocos **escogidos.**

Mateo 24:22 Y si aquellos días no fuesen acortados, nadie sería salvo; **mas por causa de los escogidos,** aquellos días serán acortados. (se repite en Marcos 13:20)

Mateo 24:24 Porque se levantarán falsos Cristos, y falsos profetas, y harán grandes señales y prodigios, de tal manera que engañarán, si fuere posible, **aun a los escogidos**. (se repite en Marcos 13:22)

Mateo 24:31 Y enviará sus ángeles con gran voz de trompeta, y juntarán **a sus escogidos**, de los cuatro vientos, desde un extremo del cielo hasta el otro. (se repite en **Marcos 13:27**)

Mateo 25:34 Entonces el Rey dirá a los de su derecha: «Venid, benditos de mi Padre, heredad el reino **preparado para vosotros desde la fundación del mundo**».

Capítulo IV

¿Quiénes son los Elegidos?

En el capítulo anterior, vemos cómo Cristo dice que **todas** las cosas les son dadas por su Padre, también dice que «nadie conoce al hijo, sino el Padre, ni nadie conoce al Padre, sino el hijo **y aquel a quien el hijo lo quiera revelar**» Mateo 11:27.Es prerrogativa de Dios revelársela a quien él quiera.

El Señor Dios continúa explicándonos la diferencia que Él hace entre **«Los unos» y «Los otros»**.

También nos hace ver cómo es que venimos al Señor. Nos dice que **nos conoce desde el principio** y hace claro que **nadie puede venir al hijo si el Padre que le envió no le trajere.**

Aclara que **no todos** van a escuchar la palabra de Dios, Juan 8:47. Jesús reitera que **«Ninguno puede venir a mí si no le fuere dado del Padre».** Juan el Bautista dice: **«Un hombre no puede recibir nada si no le fuere dado del cielo».**

Jesús pone énfasis en que él no va a perder a ninguno que el Padre trajera. También la Escritura dice que: **«A los que Él quiere da vida».** Es decir, es una facultad únicamente de Dios el darnos vida. Continuemos leyendo la palabra de Dios.

Lucas 18:7 ¿Y acaso Dios no hará justicia a **sus escogidos**, que claman a Él día y noche? ¿Se tardará en responderles?

Juan 3:27 Respondió Juan y dijo: **Un hombre no puede recibir nada si no le es dado del cielo.**

Juan 5:21 Porque como el Padre levanta a los muertos, y les da vida, **así también el Hijo a los que quiere da vida.**

Juan 6:36-40 Pero ya os dije que aunque me habéis visto, no creéis.

37 Todo lo que el Padre me da, vendrá a mí; y al que viene a mí, de ningún modo lo echaré fuera. **38** Porque he descendido del cielo, no para hacer mi voluntad, sino la voluntad del que me envió. **39** Y esta es la voluntad del que me envió: que **de todo lo que Él me ha dado yo no pierda nada,** sino que lo resucite en el día final.

40 Porque esta es la voluntad de mi Padre: que todo aquel que ve al Hijo y **cree en Él, tenga vida eterna,** y **yo mismo** lo resucitaré en el día final.

Juan 6:43-44 Jesús respondió y les dijo: No murmuréis entre vosotros.

44 Ninguno puede venir a mí, si el Padre que me envió no le trajere; y yo le resucitaré en el día postrero.

Juan 6:64-65 Pero hay algunos de vosotros que **no creen**. Porque **Jesús sabía desde el principio quiénes eran los que no creían,** y quién le había de entregar. **65** Y dijo: Por eso os he dicho que **ninguno puede venir a mí, si no le fuere dado del Padre.**

Juan 6:70 Jesús les respondió: ¿**No os escogí yo a vosotros**, los doce, y sin embargo uno de vosotros es un diablo?

Juan 8:47 El que es de Dios escucha las palabras de Dios; por eso vosotros no escucháis, porque no sois de Dios.

Capítulo V

¿Tenemos Seguridad de Salvación?

El Señor nos hace ver que Él tiene a sus ovejas (los que creen en Él) y vuelve a asegurar que **«no perecerán jamás, ni nadie las arrebatará de su mano»** Juan 10:28.

El Señor dice que no habla de todos vosotros, sino que él sabe a quienes ha elegido Juan 13:18.

Al hablar de reunir **a los hijos de Dios** que están esparcidos, quiere decir que hay otros que no son sus hijos.

Juan 10:14-16 Yo soy el buen pastor, y **conozco mis ovejas** y las mías me conocen,

15 de igual manera que el Padre me conoce y yo conozco al Padre, y **doy mi vida por las ovejas.**

16 También tengo otras ovejas que no son de este redil; **aquéllas también debo traer**, y oirán mi voz; y habrá un rebaño, y un pastor.

Dios no se limita a escoger solamente a Israel; Dios escoge a sus hijos de todas partes del mundo.

Juan 10:24-30 Y le rodearon los judíos y le dijeron: ¿Hasta cuándo nos turbarás el alma? Si tú eres el Cristo, dínoslo abiertamente.

25 Jesús les respondió: Os lo he dicho, y no creéis; las obras que yo hago en nombre de mi Padre, ellas dan testimonio de mí;

26 pero vosotros **no creéis**, porque **no sois de mis ovejas**, como os he dicho.

27 Mis ovejas oyen mi voz, y yo las conozco, y me siguen,

28 y yo les doy vida eterna; y **no perecerán jamás, <u>ni nadie las arrebatará de mi mano.</u>** (Seguridad de Salvación)

29 Mi Padre que me las dio, es mayor que todos, y <u>**nadie las puede arrebatar de la mano de mi Padre**</u>. (Seguridad de Salvación)

30 Yo y el Padre uno somos.

Juan 11:51-52 Ahora bien, no dijo esto de su propia iniciativa, sino que siendo el sumo sacerdote ese año, profetizó que Jesús iba a morir por la nación;

52 y no sólo por la nación, sino también para **reunir en uno a los hijos de Dios** que están esparcidos.

Juan 13:1 Antes de la fiesta de la Pascua, sabiendo Jesús que su hora había llegado para pasar de este mundo al Padre, **habiendo amado a los suyos que estaban en el mundo**, los amó hasta el fin.

Juan 13:18 No hablo de todos vosotros; yo sé a quienes he elegido; más para que se cumpla la Escritura: El que come pan conmigo, levantó contra mí su calcañar. (se repite en Salmos 41:9)

Capítulo VI

¿Elegimos nosotros a Dios?

En estos versos podemos ver cómo el Señor continúa enseñándonos cómo venimos a él, cómo la palabra de Dios nos enseña las diferentes formas en que el Señor utiliza la palabra **«Mundo»**.

Algo muy interesante es que nos hace claro que **nosotros no lo elegimos a él**, sino que es Él quien nos elige a nosotros. El Señor es claro cuando dice: **«No ruego por el mundo, sino por los que me diste»**. Sigamos leyendo la palabra de Dios.

Juan 15:16-19 No me elegisteis vosotros a mí, sino que **yo os elegí a vosotros**, y os he puesto para que vayáis y llevéis fruto, y vuestro fruto permanezca; para que todo lo que pidiereis al Padre en mi nombre, él os lo dé.

17 Esto os mando: Que os améis unos a otros.

18 Si el mundo os aborrece, sabed que a mí me ha aborrecido antes que a vosotros.

19 Si fuerais del mundo, el mundo amaría lo suyo; pero porque **no sois del mundo**, antes **yo os elegí del mundo**, por eso **el mundo os aborrece**.

Juan 17:6-10 He manifestado tu nombre a los **hombres que del mundo me diste**; tuyos eran, y me los diste, y han guardado tu palabra.

7 Ahora han conocido que todas las cosas que me has dado, proceden de ti;

8 porque las palabras que me diste, les he dado; y ellos las recibieron, y han conocido verdaderamente que salí de ti, y han creído que tú me enviaste.

9 Yo ruego por ellos; <u>no ruego por el mundo</u>, **sino por los que me diste**; porque tuyos son,

10 y todo lo mío es tuyo, y lo tuyo mío; y he sido glorificado en ellos.

Juan 17:14-17 Yo les he dado tu palabra; **y el mundo los aborreció**, porque **no son del mundo**, como tampoco **yo soy del mundo.**

15 No ruego que los quites del mundo, sino que los guardes del mal.

16 No son del mundo, como tampoco yo soy del mundo.

17 Santifícalos en tu verdad; tu palabra es verdad.

Juan 17:24-25 Padre, **quiero que los que me has dado,** estén también conmigo donde yo estoy, para que vean mi gloria, la gloria que me has dado; **porque me has amado desde antes de la fundación del mundo.**

25 Oh Padre justo, **aunque el mundo no te ha conocido,** yo te he conocido, y éstos han conocido que tú me enviaste.

Capítulo VII

¿Quiénes son los que creen?

Vamos a ver como es el Señor el que añade a los que van a ser salvos; cómo es que **Dios abre nuestro oír;** como lo hizo con Lidia, Hechos 16:14. No dice que Dios lo hizo con todas las personas que estaban reunidas.

Nos dice que **esta promesa es para los que el Señor nuestro Dios llame.** Se trata de una aseveración que nos hace entender la Soberanía de nuestro gran Dios y salvador Jesucristo: «... **y creyeron todos los que estaban ordenados para vida eterna»** (Hechos 13:48) Es solo por su **gracia,** su **bondad** y su **misericordia** que somos **salvos.** Dios hace un llamado general a través de la predicación, pero hay un llamado especial para sus hijos, aquellos que obedecen a ese llamado.

Hechos 1:24 Y habiendo orado, dijeron: Tú, Señor, que conoces el corazón de todos, **muéstranos a cuál de estos dos has escogido.**

Hechos 2:39 Porque la promesa es para vosotros y para vuestros hijos y para todos los que están lejos, **para tantos como el Señor nuestro Dios llame.**

Hechos 2:47 alabando a Dios y hallando favor con todo el pueblo. **Y el Señor añadía cada día** al número de ellos **los que iban siendo salvos.**

Hechos 4:28 para hacer cuanto tu mano y **tu propósito** habían **predestinado** que sucediera.

Hechos 9:15 Pero el Señor le dijo: Ve, **porque él me es un instrumento escogido**, para llevar mi nombre en presencia de los gentiles, de los reyes y de los hijos de Israel.

Hechos 10:40-41 A éste Dios le resucitó al tercer día e hizo que se manifestara, **no a todo el pueblo,** sino a **los testigos que fueron escogidos de antemano por Dios,** es decir, a nosotros que comimos y bebimos con Él después que resucitó de los muertos.

Hechos 13:2 Mientras ministraban al Señor y ayunaban, el Espíritu Santo dijo: Apartadme a Bernabé y a Saulo **para la obra a la que los he llamado.**

Hechos 13:17 El Dios de este pueblo de Israel, **escogió a nuestros padres** y engrandeció al pueblo durante su estancia en la tierra de Egipto, y con brazo levantado los sacó de ella.

Hechos 13:21-22 Entonces ellos pidieron un rey, y **Dios les dio a** Saúl, hijo de Cis, varón de la tribu de Benjamín, durante cuarenta años.

22 Después de **quitarlo, les levantó por rey** a David, del cual Dios también testificó y dijo: «He hallado a David, hijo de Isaí, Un hombre **conforme a mi corazón, que hará toda mi voluntad**».

Hechos 13:48 Los gentiles, oyendo esto, se regocijaban y glorificaban la palabra del Señor, y **creyeron todos los que estaban ordenados para vida eterna.**

Hechos 16:14 Entonces una mujer llamada Lidia, vendedora de púrpura, de la ciudad de Tiatira, que adoraba a Dios, estaba oyendo; **y el Señor abrió el corazón de ella para que estuviese atenta a lo que Pablo decía.**

Capítulo VIII

Nuestra Salvación: ¿es segura?

Hay quienes creen que son salvos porque ellos tienen el poder para salvarse a través de sus obras o porque pueden elegir hacerlo; piensan que Dios necesita ayuda, o piensan que todo depende de ellos y que ellos tienen que cuidar su salvación porque si no, la pierden. Esto no tiene sustento bíblico. La Biblia dice en Filipenses 2:12 que debemos ocuparnos en nuestra salvación, no preocuparnos **«ocupaos»**, no **«cuidaos»**.

Otro grupo depende de Dios para ser salvo. En este caso, toda la gloria se la lleva Dios en cuanto a la salvación; entienden que el hombre solo tiene que obedecer al llamado de Dios a través de la predicación y Dios se encarga de cuidarlos, sostenerlos y preservarlos, de acuerdo con lo que la Biblia enseña.

Aquí claramente Dios nos vuelve a reiterar que **no perdemos nuestra salvación** si permanecemos en él hasta el final. (Marcos 13:13, Mateo 24:13, Mateo 10:22) **El Señor nos garantiza nuestra salvación**, nos dice que <u>nadie</u> **nos puede separar del amor de Cristo.**

Romanos 3:24 siendo justificados gratuitamente por su gracia por medio de la redención que es en Cristo Jesús,

Romanos 8:28-39 Y sabemos que a los que aman a Dios, todas las cosas les ayudan a bien, esto es, **a los que conforme a <u>su</u> propósito son llamados.**

29 Porque **a los que antes conoció**, también **los predestinó** para que fuesen hechos conformes a la imagen de su Hijo, para que él sea el primogénito entre muchos hermanos.

30 Y a los que **predestinó**, a éstos también **llamó**; y a los que **llamó**, a éstos **también justificó**; y a los que justificó, a éstos también **glorificó**.

31 ¿Qué, pues, diremos a esto? Si Dios es por nosotros, ¿quién contra nosotros?

32 El que no escatimó ni a su propio Hijo, sino que lo entregó por todos nosotros, ¿cómo no nos dará también con él todas las cosas?

33 **¿Quién acusará a los escogidos de Dios?** Dios es el que justifica.

34 ¿Quién es el que condenará? Cristo es el que murió; más aún, el que también resucitó, el que además está a la diestra de Dios, **el que también intercede por nosotros.**

35 **¿Quién nos separará del amor de Cristo?** ¿Tribulación, o angustia, o persecución, o hambre, o desnudez, o peligro, o espada?

36 Como está escrito: Por causa de ti somos muertos todo el tiempo; Somos contados como ovejas de matadero.

37 Antes, en todas estas cosas somos más que vencedores por medio de aquel que **nos amó.**

38 Por lo cual **estoy seguro de que ni la muerte, ni la vida, ni ángeles, ni principados, ni potestades, ni lo presente, ni lo por venir,**

39 **ni lo alto, ni lo profundo, ni ninguna otra cosa creada nos podrá separar del amor de Dios**, que es en Cristo Jesús Señor nuestro. (Seguridad de salvación)

Hemos estado viendo en cada versículo, desde Deuteronomio hasta Apocalipsis, cómo Dios es el que tiene y mantiene el control. Vemos cómo claramente el Señor nos garantiza la salvación y nos preserva.

Dios ama al que a él ama. El Señor dice que **no depende del que quiere, ni del que corre, sino de Dios que tiene misericordia.**

La palabra de Dios se lee y se analiza cómo está escrita. Hemos visto a lo largo de todos estos escritos su grandiosa promesa, la seguridad de salvación que Dios nos ofrece.

El Señor, nuestro Dios, conoce nuestros corazones antes de nosotros nacer. Dice refiriéndose a **Jacob** y a

Esaú que no habían nacido todavía, ni habían hecho nada bueno o malo, **para que el propósito de Dios se cumpliera** conforme a <u>su elección,</u> y reafirma, **no por obras, sino por el que llama** (Dios) Romanos 9:11

Capítulo IX

¿Quién puede resistirse a su voluntad?

Pablo parece estar hablando con un antagonista imaginario cuando dice: «**¿Quién eres tú para que alterques con Dios?** ¿O no tiene potestad el alfarero sobre el barro, para hacer de la misma masa un vaso para honra y otro para deshonra?». Romanos 9:20. Dice su palabra que el que viene a Él, con un corazón arrepentido y humillado, él no lo va a desechar. Dios no es solamente un Dios de amor. **Dios es amor.**

Romanos 9:9-27 Porque la palabra de la promesa es ésta: Por este tiempo vendré, y Sara tendrá un hijo.

10 Y no sólo esto, sino también cuando Rebeca concibió de uno, de Isaac nuestro padre

11 (pues no habían aún nacido, ni habían hecho aún ni bien ni mal, para que **el propósito de Dios conforme a la elección permaneciese,** no por las obras sino por el que llama),

12 se le dijo: El mayor servirá al menor.

13 Como está escrito: **A Jacob amé, mas a Esaú aborrecí.**

14 ¿Qué, pues, diremos? ¿Que hay injusticia en Dios? En ninguna manera.

15 Pues a Moisés dice: **Tendré misericordia del que**

yo tenga misericordia, y me compadeceré del que yo me compadezca.

16 Así que **no depende del que quiere, ni del que corre, sino de Dios que tiene misericordia.**

17 Porque la Escritura dice a Faraón: Para esto mismo te he levantado, **para mostrar en ti mi poder**, y **para que mi nombre sea anunciado por toda la tierra.**

18 De manera que **de quien quiere, tiene misericordia, y al que quiere endurecer, endurece.**

19 Pero me dirás: ¿Por qué, pues, inculpa? porque **¿quién ha resistido a su voluntad?**

20 Mas antes, oh hombre, **¿quién eres tú, para que alterques con Dios?** ¿**Dirá el vaso de barro al que lo formó: Por qué me has hecho así?**

21 ¿**O no tiene potestad el alfarero sobre el barro, para hacer de la misma masa un vaso para honra y otro para deshonra?**

22 ¿Y qué, si Dios, queriendo mostrar su ira y hacer notorio su poder, soportó con mucha paciencia los vasos de ira preparados para destrucción,

23 y para hacer notorias las riquezas de su gloria, las mostró para con los vasos de misericordia que Él **preparó de antemano para gloria,**

24 a los cuales también **ha llamado,** esto es, a nosotros, no sólo de los judíos, sino también de los gentiles?

25 Como también en Oseas dice: **Llamaré pueblo mío**

al que no era mi pueblo, Y a la no amada, amada. (se repite en **Oseas 2:23 y 1 Pedro 2:10)**

26 Y en el lugar donde se les dijo: Vosotros no sois pueblo mío, **Allí serán llamados hijos del Dios viviente.**

27 También Isaías clama tocante a Israel: Si fuere el número de los hijos de Israel como la arena del mar, **tan sólo el remanente será salvo;** (se repite en Isaías 10:22-23)

Romanos 11:5-8 Así también aun en este tiempo **ha quedado un remanente escogido por gracia.**

6 Y si por gracia, ya no es por obras; **de otra manera la gracia ya no es gracia.** Y si por obras, **ya no es gracia;** de otra manera la obra ya no es obra.

7 ¿Qué pues? Lo que buscaba Israel, no lo ha alcanzado; **pero los escogidos sí lo han alcanzado,** y los demás fueron endurecidos;

8 como está escrito: **Dios les dio espíritu de estupor, ojos con que no vean y oídos con que no oigan,** hasta el día de hoy.

Romanos 11:29 Porque **irrevocables** son los **dones** y el **llamamiento de Dios.**

Capítulo X

¿Quién inicia el llamado a creer?

A lo largo de todos estos escritos, hemos estado viendo cómo Dios es quien nos busca, quien dobla nuestra voluntad. Nosotros no aportamos nada a nuestra salvación, excepto el pecado que mora en nosotros.

Alguien me dijo que si yo quería corroborar algo en la Biblia, tenía que buscarlo en varios pasajes donde lo confirmara; y eso fue lo que hice y se los he ido trayendo a ustedes.

Pido a nuestro gran y poderoso Dios que, como abrió mis ojos, abra los ojos de los que viendo no ven.

1 Corintios 1:1 Pablo, llamado a ser apóstol de Jesucristo por la voluntad de Dios, y el hermano Sóstenes,

1 Corintios 1:9 Fiel es Dios, por el cual fuisteis llamados a la comunión con su Hijo Jesucristo nuestro Señor.

1 Corintios 1:21 Pues ya que en la sabiduría de Dios, el mundo no conoció a Dios mediante la sabiduría, **agradó**

a Dios salvar a los creyentes por la locura de la predicación.

1 Corintios 1:23-24 pero nosotros predicamos a Cristo crucificado, para los judíos ciertamente tropezadero, y para los gentiles locura;
24 mas para los llamados, así judíos como griegos, Cristo poder de Dios, y sabiduría de Dios.

1 Corintios 1:27-29 sino que **lo necio del mundo escogió Dios**, para avergonzar a los sabios; y lo **débil del mundo escogió Dios**, para avergonzar a lo fuerte;

28 y lo vil del mundo y lo menospreciado escogió Dios, y lo que no es, para deshacer lo que es,

29 a fin de que nadie se jacte en su presencia.

1 Corintios 2:7 Mas hablamos sabiduría de Dios en misterio, la sabiduría oculta, la cual **Dios predestinó antes de los siglos para nuestra gloria,**

2 Corintios 1:20-22 porque todas las promesas de Dios son en él Sí, y en él Amén, por medio de nosotros**, para la gloria de Dios.**

 21 Y el que nos confirma con vosotros en Cristo, y **el que nos ungió, es Dios,**

22 el cual también nos ha sellado, y nos ha dado las

arras del Espíritu en nuestros corazones. (se repite en Efesios 1:13 y 4:30)

2 Corintios 5:5 Y el que nos preparó para esto mismo es Dios, quien nos dio el Espíritu como garantía.

2 Corintios 5:18 Y todo esto procede de Dios, quien nos reconcilió consigo mismo por medio de Cristo, y nos dio el ministerio de la reconciliación.

Capítulo XI

¿Salvos por obrar o por creer?

El apóstol Pablo hace ver como las personas comienzan a desviarse de lo que el Señor dejó establecido. Hace notar cómo doblan las Escrituras para seguir un evangelio diferente. Predican cualquier cosa, menos la palabra de Dios.

El apóstol enfatiza en que es por **gracia** nuestro llamado (favor no merecido), incluso llama **anatema** (maldito de Dios) al que en nombre de Dios y con su mejor intención predique un evangelio diferente. Gálatas 1:8-9

También hace notar que este llamado no viene de Dios porque les echan un poquito de levadura a sus prédicas y dice **que esa levadura fermenta toda la masa.** Gálatas 5:9

Gálatas 1:6-9 Estoy maravillado de que tan pronto os hayáis alejado **del que os llamó por la gracia de Cristo,** para **seguir un evangelio diferente.**

7 No que haya otro, sino que **hay algunos que os perturban y quieren pervertir el evangelio de Cristo.**

8 Mas si aun nosotros, o un ángel del cielo, os anunciare otro evangelio diferente del que os hemos anunciado, sea **anatema.**

9 Como antes hemos dicho, también ahora lo repito: **Si alguno os predica diferente evangelio del que habéis recibido, sea anatema.**

Gálatas 1:15-16 Pero **cuando agradó a Dios**, que **me apartó desde el vientre de mi madre**, y **me llamó por su gracia,**
16 revelar a su Hijo en mí, para que yo le predicase entre los gentiles, no consulté en seguida con carne y sangre,

Gálatas 2:8-9 Porque aquel que obró eficazmente para con Pedro en *su* apostolado a los de la circuncisión, también obró eficazmente para conmigo *en mi apostolado* a los gentiles),
9 y al reconocer la gracia que se me había dado, Jacobo, Pedro y Juan, que eran considerados como columnas, nos dieron a mí y a Bernabé la diestra de compañerismo, para que nosotros *fuéramos* a los gentiles y ellos a los de la circuncisión.

Gálatas 2:16 sabiendo que el hombre **no es justificado por las obras de la ley, sino por la fe de Jesucristo,** nosotros también hemos creído en Jesucristo, **para ser justificados por la fe de Cristo** y no por las obras de la ley, **por cuanto por las obras de la ley nadie será justificado.**

Gálatas 3:3-11 ¿Tan necios sois? ¿Habiendo comenzado por el Espíritu, ahora vais a acabar por la carne?

4 ¿Tantas cosas habéis padecido en vano? si es que realmente fue en vano.

5 Aquel, pues, **que os suministra el Espíritu**, y hace maravillas entre vosotros, **¿lo hace por las obras de la ley, o por el oír con fe?**

6 Así Abraham **creyó a Dios**, y le fue contado por justicia.

7 Sabed, por tanto, que **los que son de fe,** éstos son hijos de Abraham.

8 Y la Escritura, previendo **que Dios había de justificar por la fe** a los gentiles, **dio de antemano** la buena nueva a Abraham, diciendo: En ti serán benditas todas las naciones.

9 De modo que **los de la fe son bendecidos** con el creyente Abraham.

10 Porque **todos los que dependen de las obras de la ley están bajo maldición,** pues escrito está: Maldito todo aquel que no permaneciere en todas las cosas escritas en el libro de la ley, para hacerlas.

11 Y que por la ley ninguno se justifica para con Dios, es evidente, porque: **El justo por la fe vivirá; (**se repite en Romanos 1:17 y Habacuc 2:4)

Gálatas 5:7-9 Vosotros corríais bien; ¿quién os estorbó para no obedecer a la verdad?

8 Esta persuasión no procede de aquel que **os llama.**

9 Un poco de levadura leuda toda la masa.

La salvación viene por creer en Jesucristo únicamente.

Y esa fe nos lleva al arrepentimiento y a obedecer, no para ganarnos la salvación, porque Dios nos la regala, sino para reflejar a Cristo en nosotros por medio de la obediencia.

Capítulo XII

¿Somos Predestinados?

Estos versículos, junto con los de Romanos 8:28-39 y otros más, nos hace evidente que **Dios nos escogió en Él, antes de la fundación del mundo,** para que fuésemos **adoptados por él, por medio de su hijo Jesucristo.**

Dice que fuimos **Predestinados** (fijar o determinar algo, antes de que ocurra) para ser adoptados como sus hijos, solamente **por el puro afecto de su voluntad,** es decir porque él quiso.

Nos deja claro que es habiendo oído la palabra de verdad, Romanos 10:17, así que la fe viene por el oír, y **el oír,** por la palabra de Dios (el evangelio), y habiendo creído en él, fuimos **Sellados** con el espíritu de la promesa. Efesios 1:13

Efesios 1:3-14 Bendito sea el Dios y Padre de nuestro Señor Jesucristo, que nos bendijo con toda bendición espiritual en los lugares celestiales en Cristo,

4 según **nos escogió en Él antes de la fundación del mundo,** para que fuésemos santos y sin mancha delante de él,

5 en amor **habiéndonos predestinado** para ser adoptados hijos suyos por medio de Jesucristo, **según el puro afecto de su voluntad,**

6 para alabanza de la gloria de su gracia, con la cual nos hizo aceptos en el Amado,

7 en quien tenemos redención por su sangre, el perdón de pecados según las riquezas de su gracia,

8 que hizo sobreabundar para con nosotros en toda sabiduría e inteligencia,

9 dándonos a conocer el misterio de su voluntad, según su beneplácito, el cual se había propuesto en sí mismo,

10 de reunir todas las cosas en Cristo, en la dispensación del cumplimiento de los tiempos, así las que están en los cielos, como las que están en la tierra.

11 En él asimismo tuvimos herencia, **habiendo sido predestinados** conforme **al propósito del que hace todas las cosas según el designio de su voluntad,**

12 a fin de que seamos para alabanza de su gloria, nosotros los que primeramente esperábamos en Cristo.

13 En Él también vosotros, **habiendo oído la palabra de verdad, el evangelio de vuestra salvación,** y habiendo creído en Él, **fuisteis sellados con el Espíritu Santo de la promesa,**

14 que es las arras de nuestra herencia hasta la redención de la posesión adquirida, para alabanza de su gloria.

Efesios 4:30 Y no entristezcáis al **Espíritu Santo de Dios, por el cual <u>fuisteis sellados</u>** para el día de la redención.

Capítulo XIII

Salvos por gracia a través de la fe en Jesucristo

El Señor nos dice que nosotros estábamos muertos en nuestros delitos y pecados cuando Él nos dio vida por el gran amor con que nos amó y lo hizo por gracia (un muerto no tiene la facultad ni el poder de darse vida a sí mismo, solo Dios puede hacer esto). Nos aclara que somos salvos por **gracia,** por medio de la **fe** y hace hincapié diciendo: «y esto **no de vosotros**, pues **es don de Dios»**.

Es decir, escuchamos el mensaje acerca de Jesucristo, Dios abre nuestro oír y la fe nos es dada a nosotros por el Señor. Pero esto es a través de la Predicación. Vuelve a repetir, no por obra para que nadie se gloríe. Dice que somos creados <u>para</u> buenas obras, las cuales Dios preparó de antemano, (<u>antes que sucediera</u>). Y **para que nadie se crea o se abrogue que fue su decisión**, termina diciendo. Efesios 2:8-9 y 1 Corintios 1:27-29.

Jesús murió por amor, pero somos salvos por **creer** y porque a Dios le plació hacerlo (por gracia). Dios es el que produce en nosotros tanto el querer como el hacer. Filipenses 2:13

Efe 2:1-10 Y *Él os dio vida* a vosotros, que estabais muertos en vuestros delitos y pecados,

2 en los cuales anduvisteis en otro tiempo según la corriente de este mundo, conforme al príncipe de la potestad del aire, el espíritu que ahora opera en los hijos de desobediencia,

3 entre los cuales también todos nosotros en otro tiempo vivíamos en las pasiones de nuestra carne, satisfaciendo los deseos de la carne y de la mente, y éramos por naturaleza hijos de ira, lo mismo que los demás.

4 Pero Dios, que es rico en misericordia, por su gran amor con que **nos amó,**

5 aun estando nosotros muertos en pecados, **nos dio vida juntamente con Cristo (por gracia sois salvos),**

6 y juntamente con **Él nos resucitó**, y asimismo **nos hizo sentar** en los lugares celestiales con Cristo Jesús,

7 para mostrar en los siglos venideros las abundantes riquezas de su gracia en su bondad para con nosotros en Cristo Jesús.

8 Porque **por gracia sois salvos por medio de la fe**; y esto no de vosotros, **pues es don de Dios;**

9 **no por obras**, para que nadie se gloríe.

10 Porque somos hechura suya, **creados en Cristo Jesús para buenas obras,** las cuales **Dios preparó de antemano** para que anduviésemos en ellas.

Efesios 4:1 Yo pues, preso en el Señor, os ruego que andéis como es digno de la vocación **con que fuisteis llamados,**

Filipenses 1:6 estando convencido precisamente de esto: que **el que comenzó en vosotros la buena obra, la perfeccionará** hasta el día de Cristo Jesús. (Seguridad de Salvación)

Filipenses 2:13 porque **Dios es el que en vosotros produce así el querer como el hacer**, por su buena voluntad.

Capítulo XIV

Llamados y Sellados

En casi todas las cartas de Pablo, él comienza diciendo: **«Apóstol por la voluntad de Dios».** No fue que él se autoproclamó apóstol, sino que fue el mismo Señor quien lo llamó y lo escogió para que hiciera el trabajo que ya el Señor tenía preparado para él.

El Señor Dios, reitera, quien nos salvó y nos llamó, no lo hizo por nuestras obras, sino que fue el propósito del Señor y **por la gracia que nos fue dada antes de los siglos,** o sea antes de la fundación del mundo.

Pablo nos aclara en Colosenses 1:27 a quiénes Dios quiso dar a conocer las riquezas de su gloria. Vuelve a repetir, no conforme a nuestras obras. Nos llamó por su gracia, es decir por amor a nosotros.

El Señor nos hace ver que **somos Escogidos**, que **somos Sellados como señal de su propiedad** (No dice que seremos Sellados), **el Señor conoce a los que son suyos.** Pablo dice: **«Todo lo soporto por amor de los escogidos».** Sigamos leyendo la palabra del Señor.

Colosenses 1:1 Pablo, apóstol de Jesucristo por la voluntad de Dios, y el hermano Timoteo,

Colosenses 1:25-27 de la cual fui hecho ministro, **según la administración de Dios** que **me fue dada** para con vosotros, **para que anuncie cumplidamente la palabra de Dios,**

26 el misterio que **había estado oculto desde los siglos** y edades, **pero que ahora ha sido manifestado a sus santos,**

27 a quienes Dios quiso dar a conocer las riquezas de la gloria de este misterio entre los gentiles; que es Cristo en vosotros, la esperanza de gloria,

Colosenses 3:12 Vestíos, pues, **como escogidos de Dios,** santos y amados, de entrañable misericordia, de benignidad, de humildad, de mansedumbre, de paciencia;

Colosenses 3:15 Y que la paz de Cristo reine en vuestros corazones, a la cual en verdad **fuisteis llamados** en un solo cuerpo; y sed agradecidos.

1 Timoteo 5:21 Te encargo solemnemente en la presencia de Dios y de Cristo **Jesús y de sus ángeles escogidos,** que conserves estos principios sin prejuicios, no haciendo nada con espíritu de parcialidad.

1 Timoteo 6:12-15 Pelea la buena batalla **de la fe,** echa mano de la vida eterna, **a la cual asimismo fuiste llamado,** habiendo hecho la buena profesión delante de muchos testigos.

13 Te mando delante de **Dios, que da vida a todas las cosas**, y de Jesucristo, que dio testimonio de la buena profesión delante de Poncio Pilato,
14 que guardes el mandamiento sin mácula ni reprensión, hasta la aparición de nuestro Señor Jesucristo,
15 la cual a su tiempo mostrará el bienaventurado y **solo Soberano, Rey de reyes, y Señor de señores,**

2 Timoteo 1:9 quien nos salvó y **llamó con llamamiento santo, no** conforme a **nuestras obras,** sino **según el propósito suyo y la gracia** que nos fue dada en **Cristo Jesús antes de los tiempos de los siglos,**

2 Timoteo 2:10 Por tanto, **todo lo soporto por amor de los escogidos**, para que ellos también **obtengan la salvación** que es en Cristo Jesús con gloria eterna.

2 Timoteo 2:19 Pero el fundamento de Dios está firme, <u>teniendo este sello</u>: **Conoce el Señor a los que son suyos;** y: Apártese de iniquidad todo aquel que invoca el nombre de Cristo. (se repite en 2 Corintios 1:22, Efesios 1:13 y Efesios 4:30)

2 Timoteo 4:18 Y el Señor me librará de toda obra mala,

y **me preservará para su reino** celestial. A él sea gloria por los siglos de los siglos. Amén.

1 Tesalonicenses 1:4 Porque conocemos, hermanos amados de Dios, **vuestra elección;**

1 Tesalonicenses 2:12 y os encargábamos que anduvieseis como es digno de Dios, **que os llamó a su reino y gloria.**

2 Tesalonicenses 1:11 Por lo cual asimismo oramos siempre por vosotros, **para que nuestro Dios os tenga por dignos de su llamamiento,** y cumpla todo propósito de bondad y toda obra de fe con su poder,

2 Tesalonicenses 2:10 y con todo engaño de iniquidad para los que se pierden, **porque no recibieron el amor de la verdad para ser salvos.** (ver Marcos 4:11-12)

2 Tesalonicenses 2:13-14 Pero nosotros **debemos dar siempre gracias a Dios respecto a vosotros,** hermanos amados por el Señor, **de que Dios <u>os haya escogido desde el principio para salvación</u>,** mediante la santificación por el Espíritu **y la fe en la verdad,**

14 a lo cual **os llamó mediante nuestro evangelio,** para alcanzar la gloria de nuestro Señor Jesucristo.

Capítulo XV

¿Salvos por Fe solamente?

El Señor vuelve a hacernos ver que es Él quien nos llama cuando dice: «Participantes del llamamiento celestial», hace un aparte y dice: «Los llamados reciban la promesa de la vida eterna».

Pablo dice que tenemos la esperanza de la vida eterna, la cual Dios, que no miente, **prometió desde antes del principio de los siglos** (antes de la fundación del mundo). Dice que **manifestó su palabra por medio de la predicación** encomendada por Dios nuestro salvador.

Como vimos en el capítulo anterior, el apóstol Pablo indica: «Porque conocemos vuestra elección».

Repite que fuimos justificados por su gracia. Vuelve a recalcar que «nos salvó, no por obras de justicia que nosotros hubiésemos hecho, sino por su misericordia».

Hebreos 3:1 Por tanto, hermanos santos, **participantes del llamamiento celestial**, considerad al apóstol y sumo sacerdote de nuestra profesión, Cristo Jesús;

Hebreos 9:15 Así que, **por eso es mediador de un**

nuevo pacto, para que interviniendo muerte para la remisión de las transgresiones que había bajo el primer pacto, **los llamados reciban la promesa de la herencia eterna.**

Hebreos 11:8 Por la **fe** Abraham, **al ser llamado**, obedeció, saliendo para un lugar que había de recibir como herencia; y salió sin saber adónde iba. (se repite en **Génesis 12:1-5**)

Tito 1:1-3 Pablo, siervo de Dios y apóstol de Jesucristo, **conforme a la fe de los escogidos de Dios** y el conocimiento de la verdad que es según la piedad,

2 en la esperanza de la vida eterna, la cual **Dios,** que no miente, **prometió desde antes del principio de los siglos,**

3 y a su debido tiempo manifestó su palabra por medio de la predicación que me fue encomendada por mandato de Dios nuestro Salvador, (se repite en **1 Corintios 1:21**)

Tito 3:5-7 nos salvó, no por obras de justicia que nosotros hubiéramos hecho, sino **por su misericordia,** por el lavamiento de la regeneración y por la renovación en el Espíritu Santo,

6 el cual derramó en nosotros abundantemente por Jesucristo nuestro Salvador,

7 para que justificados **por su gracia**, viniésemos a ser herederos conforme a la esperanza de la vida eterna.

Capítulo XVI

Salvos por Fe para obedecer

El apóstol Pablo dice que **debemos dar gracias a Dios de que nos haya escogido desde el principio para salvación.** Fuimos llamados mediante nuestro evangelio; cuando habla de la presciencia (o sea, del previo conocimiento), repite que fuimos elegidos por Dios.

Nos dice que somos linaje escogido, **adquiridos por Dios para que anunciemos** las virtudes de aquel que nos llamó. **Hace una separación entre los que creen y los que no creen.** El Señor dice que nos **llamó del mundo.** 1 Pedro 2:7

Santiago 2:5 Hermanos míos amados, oíd: ¿**No ha elegido Dios a los pobres de este mundo,** para que sean ricos en **fe y herederos del reino que ha prometido a los que le aman?**

1 Pedro 1:1-2 Pedro, apóstol de Jesucristo, a los expatriados de la dispersión en el Ponto, Galacia, Capadocia, Asia y Bitinia,

2 elegidos según la presciencia de Dios Padre en

santificación del Espíritu, **para obedecer y ser rociados con la sangre de Jesucristo**: Gracia y paz os sean multiplicadas.

1 Pedro 2:7-9 Para vosotros, pues, **los que creéis**, Él es precioso; pero **para los que no creen**, La piedra que los edificadores desecharon, Ha venido a ser la cabeza del ángulo;

8 y: Piedra de tropiezo, y roca que hace caer, porque **tropiezan en la palabra**, siendo desobedientes; **a lo cual fueron también destinados.**

9 Mas vosotros **sois linaje escogido**, real sacerdocio, nación santa, **pueblo adquirido por Dios,** para que anunciéis las virtudes **de aquel que os llamó** de las tinieblas a su luz admirable;

1 Pedro 1:14-15 como hijos obedientes, no os conforméis a los deseos que antes teníais estando en vuestra ignorancia;

15 sino, **como aquel que os llamó es santo**, sed también vosotros santos en toda vuestra manera de vivir;

Capítulo XVII

Escogidos por Dios

Vuelve a repetirse la palabra «**destinados antes de la fundación del mundo**». Vuelve enfatizar que somos Sellados, somos Llamados, señala que todas las cosas que pertenecen a la vida y a la piedad nos son dadas por su divino poder, **mediante el conocimiento de aquel que nos llamó.**

Dice que el amor consiste no en que nosotros hayamos amado a Dios, sino que **Dios nos amó a nosotros primero.**

Vemos desde Génesis hasta Apocalipsis que el Señor es el que tiene y mantiene el control.

1 Pedro 1:20 ya destinado desde antes de la fundación del mundo, pero manifestado en los postreros tiempos **por amor de vosotros,**

1 Pedro 3:8-9 Finalmente, sed todos de un mismo sentir, compasivos, amándoos fraternalmente, misericordiosos, amigables;

9 no devolviendo mal por mal, ni maldición por maldición, sino por el contrario, bendiciendo, **sabiendo que fuisteis llamados** para que heredaseis bendición.

1 Pedro 5:10 Mas **el Dios** de toda **gracia**, que nos **llamó a su gloria eterna en Jesucristo**, después que hayáis padecido un poco de tiempo, **él mismo** os perfeccione, afirme, fortalezca y establezca.

2 Pedro 1:3 Como todas las cosas que pertenecen a la vida y a la piedad nos han sido dadas por su divino poder, mediante el conocimiento **de aquel que nos llamó por su gloria y excelencia,**

2 Pedro 1:10 Por lo cual, hermanos, tanto más **procurad hacer firme vuestra vocación y elección**; porque haciendo estas cosas, no caeréis jamás.

1 Juan 4:10 En esto consiste el amor: **no en que nosotros hayamos amado a Dios, sino en que Él nos amó a nosotros** y envió a su Hijo como propiciación por nuestros pecados.

2 Juan 1:1 (DHH) El anciano saluda **a la comunidad escogida por Dios** y a los que pertenecen a ella. Los amo de veras, y no sólo yo, sino también todos los que han conocido la verdad,

Judas 1:1 Judas, siervo de **Jesucristo**, y hermano de Jacobo, a los **llamados, santificados** en Dios Padre**,** y **guardados** en Jesucristo:

Apocalipsis 17:14 Pelearán contra el Cordero, y el Cordero los vencerá, porque **él es Señor de señores y Rey de reyes**; **y los que están con él son llamados y elegidos.**

Epílogo

¿Realmente fuimos Escogidos y Predestinados?

Es un privilegio para mí compartir con ustedes lo que la palabra de Dios dice sobre estos temas de una forma fácil de entender. Quiero aclarar que no soy una erudita en Teología; lo único que me mueve a hacerlo es la gran confusión que este tema produjo en nosotros y sé que en ustedes también debe haber cierta inquietud.

En el año 2013, por obra del Señor y no por casualidad, Dios nos permitió a mi esposo y a mí escuchar las doctrinas de la gracia a través del pastor Sugel Michelén, y así llegaron a nuestras mentes tantas preguntas y un deseo inmenso de conocer más y más sobre lo que la Biblia enseña.

Nunca habíamos escuchado la palabra de Dios tan bien explicada, a pesar de que habíamos sido bautizados en el año 1998, éramos fieles asistentes a la Iglesia y habíamos leído la Biblia en varias ocasiones.

Estábamos tan felices que compartimos los videos con todos nuestros hermanos de la Iglesia. Pero el desconocimiento de algunos, sobre estos temas nos hizo abandonar la congregación. Debo aclarar que nuestros hermanos son muy devotos y amantes de Dios, sin lugar a dudas, pero fue por la presión de «algunos» que llamándose «cristianos» hacen que sus voces se escuchen más alto, y tratan de acallar la palabra de Dios.

Romanos 1:18-19   Porque la ira de Dios se revela desde el cielo contra toda impiedad e injusticia de los hombres, que con injusticia restringen la verdad.

19   pero lo que se conoce acerca de Dios es evidente dentro de ellos, pues Dios se lo hizo evidente.

Mi esposo y yo nos sumergimos en estudiar lo que la palabra de Dios decía. Y he querido dejarlo plasmado en este pequeño libro para futuras generaciones, que van a tener las mismas inquietudes y las mismas preguntas. Que nuestro gran Dios nos permita entender su palabra.

«y al que sabe hacer lo bueno, y no lo hace,
le es pecado».
Santiago 4:17